Vinh Liem

Lament of
The Boat People
Bi Ca
Người Vượt Biển
Poetry & Essays
English & Vietnamese

Lulu
2008

Lament of The Boat People
Bi Ca Người Vượt Biển
Poetry & Essays
Bilingual: English & Vietnamese
By Vinh Liem

Copyright © 2008 by Vinh Liem
All rights reserved. No part of this book may be reproduced, in any form or by any means, without permission in writing from the publisher.
Printed in the United States of America.
Cover illustration by Vinh Liem
Book designed by Vinh Liem
Printing History: April 2008. First Edition.
Library of Congress Catalog Card Number:
International Standard Book Number: 978-0-6152-0799-5

Table of Contents

Books published in the United States

1. Tị Nạn Trường Ca I (Refugee's Confidences) – Book of poems, Vol. I, written in Vietnamese, published in 1980
2. Bi Ca Người Vượt Biển (Lament of the Boat People) – Book of poems written in Vietnamese, published in 1980
3. Tị Nạn Trường Ca II (Refugee's Confidences) – Book of poems, Vol. II, written in Vietnamese, published in 1980
4. Gã Tị Nạn (The Refugee Guy) – A collection of short stories written in Vietnamese, published in 1986
5. Without Beginning Without End – Poetry, published in 2008

About the Author

Vinh Liem was born in South Vietnam in 1944. He joined the Vietnamese Navy in 1964. After the fall of South Vietnam, he fled his country and eventually settled in the United States in September 1975.

Vinh Liem has been a poet, writer and journalist since 1964 and between 1980 and 1986, he published four books of poems and short stories in the United States.

Vinh Liem's poems have also been published by several respected organizations and magazines, including the Vietnamese Pen Club Overseas ('War and Exile' 1987); The National Library of Poetry in Owings Mills, Maryland ('A Break In The Clouds' 1993, 'At Day's End' 1994, and 'Divining Beauty' 2001). British publishers, Noble House, published the 'Theatre of the Mind' in 2003. One poem ('Enemy') was recorded in *'The Sound of Poetry'*, released both on compact disk and cassette tape in Fall 2001, by The International Library of Poetry.

Since the fall of South Vietnam in 1975, Vinh Liem has contributed to many Vietnamese newspapers and magazines in the United States, as well as publications in Canada, Europe, Asia, and Australia.

From 1979 to 1981, Vinh Liem was the managing editor of *Hanh Trinh* magazine and the *Hanh Dong* newspaper in Washington, D.C. He has also been the editor-in-chief of *The Vietnam Times* (Washington, D.C.) from 1984 to 1985, and the *Sao Trang* magazine (Miami, FL) from 1992 to 1994.

Community and Organization Activities:

1999 – 2002	Acting Chairman of Association of Free Vietnamese Writers and Artists
1995 – 2001	Coordinator of Democracy for a Free Vietnam
1995	Coordinator, April 30th Commemoration Committee
1994 – 1995	Coordinator of Committee for Defending the National Cause
1993 – 1999	Chairman of Association of Free Vietnamese Writers and Artists
1993 – 1995	Member of The Standing Committee, Vietnamese Community at MD-DC-VA
1992 – 1995	President of Vietnamese ISAW Committee
1989 – 1995	Founder and President of Vietnamese Overseas Experts and Youth Association
1981 – 2001	Founder and President of Viet Club, Inc.
1980 – 1993	Member of Vietnamese Pen Club Overseas
1980 – 1990	Member of Young Republican, Maryland
1980 – 1986	Vice President of Vietnamese Communities Overseas
1976 – 1979	Co-Founder and General Secretary of Vietnamese Community at St. Louis, Missouri

Preface

The narrative poem – *Lament of the Boat People* – and other single poems were written during the international news spread out on the dangerous situation of the Vietnamese boat people on the high seas and in the Gulf of Thailand in the late 70's.

I have divided this book into two parts:

Part I: THE BOAT PEOPLE

My Motherland (Essay)
Plea for Indo-Chinese people who were left behind (Essay)
Lament of the Boat People (A Narrative Poem)
Bi Ca Người Vượt Biển (A Narrative Poem in Vietnamese)
A Letter from the heart to an American friend (Essay)

Part II: PIRATES

Pirates in the gulf of Thailand (Essay)
Ko Kra (Poem)
Ko Kra: Điểm cuối của thuyền nhân (Poem in Vietnamese)
Your Youth, Little Sister (Poem)
Tuổi Em (Poem in Vietnamese)
Thư về hoang đảo Ko Kra (Poem in Vietnamese)

Please note that a narrative poem – *Lament of the Boat People* — and the single poems were written in Vietnamese and later were translated into English by R. S. Carlson. *Thu Ve Hoang Dao Ko Kra* (a poem in Vietnamese) has not been translated into English yet. The essays were originally written in English in the mid 70's and 90's. These essays reflected my view of philosophy, politics, and human rights of the time.

If you have any suggestions or comments, please let me know. I appreciate your time. You can contact me on vinhliem9@hotmail.com

Germantown, March 23, 2008 (Easter Sunday)

Vinh Liem

Acknowledgments

I would like to give special thanks to the following translator and proofreader who contributed to this edition: Dr. Ralph S. Carlson, Azusa Pacific University (California) and Carlie Lee (London, England).

Germantown, March 23, 2008 (Easter Sunday)

Vinh Liem

PART I: THE BOAT PEOPLE

My Motherland

She is thin and tall. Her head is facing toward the North and her foot is standing on the South. Her right hand is touching the Pacific Ocean and her left hand is reaching her neighbors, Laos and Cambodia. She is almost five thousand years old. Her name is Vietnam. I call her "Motherland."

I was born in the South of Vietnam. She loved me and taught me her native language of Vietnamese. I called it the Vietnamese language. She named me "Young Patriot." I love her very much.

During the French invasion of Vietnam, I was too young to understand, but I learned how to take care of my motherland. She hated the war but she must fight for her independence. Her body was weak but her mind was too strong. She defeated the French troops in 1954 in the North. The independence was in her hand, but she could not hold on for long.

On July 20th, 1954, the Vietnamese Communists took over the North right after the Paris Peace Agreement. Over one million people in the North escaped to the South to find freedom. At the same time, the people in the South established a free government in Saigon and Saigon became its capital. It was called the South Vietnam or the Republic of Vietnam. Mr. Ngo Dinh Diem became Prime Minister of the South Vietnamese government. The South Vietnamese people selected him as a president of the South Vietnam in 1955.

During his presidency, from 1955 to 1963, Mr. Diem tried to prevent the growth of Communists in the South. The United States gave South Vietnam the military aid to prevent the Communists.

With the strong support from the Soviet Union and China, North Vietnam sent Communist troops into the South via Ho Chi Minh Trail in Laos and Cambodia. The United States government became heavily involved with military in South Vietnam with the hope that it would prevent the Vietnamese Communists at the 17th Parallel. On the other hand, President Richard Nixon normalized his relationship with China in hope to separate the two super powers – China and Soviet Union – so the United States could defeat the North Vietnam and achieve its goal.

In 1963, the United States government wanted to send more troops into South Vietnam but President Diem did not agree. That disagreement caused the coup d'etat in 1963 with the death of President Diem and his young brother, Ngo Dinh Nhu.

In 1965, the United States government sent hundreds of thousands of GI's to South Vietnam to fight directly with Communists. The Vietnam War began to escalate heavily.

As a young compatriot, I had no choice but to fight in the armed forces. I volunteered to join the Vietnamese Navy. I did not fight directly with Communists, except the Tet Offensive in 1968. I was in the Vietnamese Navy Headquarters on the eve of the New Year. Thirteen Communists were killed that night, just outside the Vietnamese Navy Headquarters.

During the Tet Offensive, the Hanoi Communists killed thousands of civilians. There were over ten thousand casualties and people missing. Several cities in the South were badly damaged. In exchange, thousands of Communists were killed, injured or captured.

After the Tet Offensive, Hanoi agreed to go to Paris for a peace talk with the United States. In 1972, Hanoi signed the Paris Peace Agreement. In the same time, Hanoi sent more troops to the South.

In early April 1975, the war was strong and terrible. The Communists took control over some places in the Central and the Highlands. Finally, the Hanoi Communists invaded the South Vietnam in April 30, 1975.

After the surrender of President Duong Van Minh, a two-day president, South Vietnam's Armed Forces had almost disintegrated. I had no means to flee the country. In the evening of that day, a friend of mine, a Vietnamese Navy officer, gave me a riverboat to get out the country. I left everything behind me: my motherland, my parents, and my family.

During over 22 years in exile, I try to fight for my motherland. I hope I will bring freedom back to Vietnam. In one of my poems, *One Day Will Come*, I wrote:

> *"I wish I could return home some day,*
> *We will enjoy freedom that we pray."*

My motherland is still alive but her body is ill. The Communist regime sold some of her parts to China, such as Paracel Islands and Spratly Islands. The Communist leaders and their officials are very rich, but Vietnamese people are very poor. Under the Communist regime, my motherland is one of the poorest countries.

(Germantown, 02-23-1998)

Plea for Indo-Chinese people who were left behind

Last Spring, after three Indo-Chinese countries (Vietnam, Cambodia, and Laos) fell into Communist hands, approximately a half-million people fled their countries to reach freedom. They are now resettling in many countries. The United States has received one-third of the Indo-Chinese Refugees.

After a year of Communist control, there are still thousands of people fleeing their countries by small boats or any other means, because they hate Communism. They are seeking freedom from oppression, just as the earlier refugees and I once did.

Neighboring Asian countries will not accept any more of these people who are running for their lives, so therefore they find themselves stranded at sea. They are probably without food and water in many cases, but are passed by because of the policies of no more acceptances.

If these people try to return to their native soil, they will be surely executed by the Communist regimes. Therefore it seems inevitable they will die on the sea.

We are now living in the United States and are reconstructing our lives. We will be good citizens of this great country and never forget the blessings of this great land, which extended its warm heart when we needed help. Yet, we are also mindful to our friends and relatives who were not as fortunate as we and grieve for them.

We would like you to print this letter in your newspaper. We are hoping we can urge our American friends to write to their government representatives about the plight of the Indo-Chinese people, who are trying to flee the Communist terror they are living under. We hope the United States will permit these people to be received here or someplace of safety.

As for us, we are ready to help sponsor many of these Indo-Chinese people with what means we have if the United States will permit them to come here.

We would like to give you our deepest thanks and warmest feeling.

(St. Louis Dispatch Newspaper, Nov. 1976)

Lament of the Boat People

I

"Hey, Uncle Sau! What day is today?
"Count the days since we set sail.
"All I see is ocean and clouds.
"No trace of an island, no coastline at all!

"The waves rise and fall; the sun is so fierce
"Is there water enough to wet my lips?
"Uncle, please pass me a handful of rice.
"Salt and pepper it a little, for taste."

Skimming the wave crests, the boat flings foam.
Uncle Sau crawls to the aft of the hold;
He strains to hold himself upright
Lest there be no one left to lead.

The dry rice ran out two days before;
The cooked rice sacks have been licked clean.
The last packs of crackers look oh, so tempting,
But must be saved for the children to share.

With fresh water gone, drink sea water instead.
Lick sweat before it evaporates.
This is Sau's first time on the open sea:
Why is it so different from those trips on the river?

II

Escape by sea is proving so difficult,
Every hardship unfathomably dangerous;
For a craft so small to brave high seas,
If not wholly stupid, was foolish at least.

The attempt is as risky as slipping a pawn
Into the striking range of a rook;
Yet Providence seems protective still,
And we chuckle at the streams of hell.

Since Death is the inevitable,
What kind of death should we expect?
Though life is full of woe and trouble,
We still yearn to live it out.

Some sell their very souls to the State,
Striving to buy their bellies full,
Blind to their obvious, imminent fate:
The State juices the lemons, then tosses us the peels.

Child reports father; husband betrays wife;
Suspicion grows up between brother and sister.
The seeds of Marx and Lenin, once sown,
Raise strife throughout the gentle masses.

By ideal, their own are "comrades".
Any of differing views are "puppets".
Self-proclaimed "Heroes of the Great Spring Victory"
Rule their conquest with steel and blood.

"The Rice Basket of Asia" now lacks grain,
Potatoes with corn blocks part of the pangs;
The shivering man walks into winter
With little more than tattered rags.

Hard labor never stops;
For horse and bullock, life's easier by far,
The eyes of the aged watch for new woes,
The hearts of the young empty of hope.

To the State, all personal dreams are conceit,
To wish for freedom is "Reaction", "Revenge"
Awash with tears in this dark zone,
The oppressors would throttle even God Almighty.

Life has reached the ultimate limits:
Who with a mouth dares open his lips?
The Party is King; The State is God.
Who in a fishbowl or birdcage resists?

Better to pass on the yielding sea:
A life, a death, and all is done.
Take leave by night… So why these tears?
For a father? For a mother? For life foreshortened?

The prow cuts into the curtain of night.
Sau looks back toward the homeland once more.
Enough. Let go. He sends his love
Back to where his parents wait.

Little Ty and young Lan speak their last with the grandparents:
"Go in peace, and come back, remember—"
"Grandma, Grandpa, keep well, you hear?"
"I'm so worried. Who'll look after you?"

The youngsters embrace the elders in haste.
Tears gather on wrinkled cheeks;
The aged pair turn back to the village
Hoping their final day soon comes.

III

Uncle Sau is exhausted. The sky is ablaze.
A thundersquall passes: once more the skin is parched,
The boat rocks adrift on high, heaving seas,
Wails of the children sting the ears.

The tiller is broken; the propeller is jammed;
There's no way to row for shore any faster.
Merchant ships passing look the other way:
What's become of simple humanity?

The women and children, worn out, are weeping.
Uncle Hai Thon intones the Pater Noster,
Aunt Tu Binh prays to Mother Mary,
Mr. Nam Thiet chants, beseeching Buddha.

Brother Bay Thong rigs an S.O.S. banner
Reaching arm0like out over the waves.
"Please God, let fall one drop of your mercy!"
The cries for help dissolve in the sea.

The sky blackens swiftly; the waters roil;
Southwesterly gale winds batter the boat,
Waves surge high to roll and roar,
Rain spatters and cracks the bow.

Brother Ba Luong slips down to bail —
Sea water and rain have the hold half full!
When did that plank split open like that?
Grab something for caulking! It's spewing in fast!

Ba Luong can only pray for a miracle.
Despite his strong hands, defeat is inevitable.
Down his face trails a tear:
This is it! Goodbye refugee!

The boat is crammed with ninety souls.
What horrible crimes did they all commit—
These little ones still too young to stand;
These elders who've lived in humility?

In the past, Japan and France seized the land.
One lifespan saw many faces displaced twice,
Even ancestors whose precepts shun vengeance
Have yet to enjoy one moment of peace.

In my last minute of freedom, I close my eyes
And wish a word to the world that's free:
"Do you see my homeland is a brimming hell —
"That we've lost our right to human dignity?"

My body dies, but my soul immortal
Will return to aid those coming after,
Ah, my blood kin, resolve to avenge.
The ruling clique must pay for its crimes…

Uncle Sau helps Brother Ba Luong with bailing,
Laments rise to heaven: "My little one's dead!"
"Well, commit his body to the sea;
"Do we need fancy tombs for the sake of freedom?"

Groans and prayers mix with screams
In that moment this world opens on the eternal;
"Ah, my friends, let's try to stay together!
"Hold fast to the love of our homeland and people."

Violent winds, dark skies, wild waters —
In death all forces seem to compete.
"With your help, Brother, I'll keep trying."
"Child, keep calm. Here, grab this planking."

The water is cold; the rain and winds, colder;
Arm after arm slowly loses its strength
As though something is pulling us to the bottom of the sea;
The will still resists, but the body is spent.

Corpses fill the bowels of the deep,
The fishes exult to gain such a feast:
What luscious gold skin, red blood, fresh meat;
How wide those pairs of astounded eyes!

Mouths gape as if bidding eternal farewell:
"Goodbye to you brothers and sisters in freedom;
"When did humanity go out of style?
"Cattle are worth more than boat people, it seems!"

(St. Louis, 1978)
Translated from Vietnamese
by **R.S. Carlson** *aka* **Le Kinh Kha**

Bi Ca Người Vượt Biển

I

"Này Chú Sáu! Hôm nay ngày thứ mấy?
"Đếm thử coi ta vượt được bao ngày?
"Chỉ thấy toàn màu nước biển cùng mây!
"Không hải đảo, chẳng bến bờ chi cả!

"Sóng biển nhấp nhô, nắng gay gắt quá!
"Liệu có còn nước ngọt để thấm môi?!
"Chú vắt cho tôi một vắt cơm rời,
"Thêm tí muối tiêu để đừng lạt miệng!"

Thuyền lướt sóng lắc lư tung bọt biển,
Chú Sáu bò lần đến cuối khoang thuyền.
Thân gầy còm cố gắng sức vươn lên,
Nếu không thể, đâu còn ai "lãnh đạo"!

Hai ngày đã không còn dư hạt gạo!
Túi cơm khô cũng vừa sạch sành sanh.
Mấy gói mì trông hết sức ngon lành,
Nhưng phải để dành phần cho lũ trẻ.

Nước ngọt cạn, đành thay bằng nước bể,
Giọt mồ hôi liếm láp để cầm hơi.
Lần đầu tiên Chú Sáu vượt biển khơi,
Sao chẳng giống những lần đi sông nhỏ!

II

Chạy thoát được ra khơi ôi rất khó,
Mọi gian nan, nguy hiểm thật khôn lường!
Mấy khi thuyền nhỏ xíu vượt đại dương,
Nếu không ngốc thì cũng là dại dột.

Việc liều lĩnh tợ ván cờ thí Chốt,
Rủi chẳng may Xe vuột khỏi tầm tay.
Cầm bằng như thiên mệnh đã an bày,
Lòng vui vẻ ngậm cười nơi chín suối.

Sự chết chóc nào ai từng mong đợi?
Thế mà không tránh khỏi được tử thần.
Cuộc sống nầy dù lắm nỗi gian truân,
Vẫn có kẻ hãy còn tha thiết sống.

Họ bán đứng linh hồn cho lũ Cộng,
Cố làm sao đong bao tử cho đầy.
Biết đâu rằng họ chẳng có ngày mai,
Bọn Cộng sản luôn vắt chanh bỏ vỏ.

Con đấu tố cha, chồng đấu tố vợ,
Gây oán thù, nghi kỵ giữa anh em.
Học đòi theo chủ nghĩa Mác-Lê Nin,
Gieo khốn đốn đám dân lành chăm chỉ.

Cùng lý tưởng, chúng gọi nhau "đồng chí",
Khác lập trường thì bị gán "ngụy quân".
Phong "anh hùng" vì "đại thắng mùa xuân" (!)
Lối cai trị bạo tàn bằng sắt máu.

Ôi! "Vựa lúa Đông Dương" đang thiếu gạo!
Trộn bắp khoai ăn cho đỡ đói lòng.
Lạnh rét người vào những tháng lập đông,
Quần áo cũ tả tơi không vải vá.

Ngày lao động thật vô cùng vất vả!
Kiếp ngựa trâu còn thong thả hơn nhiều!
Mắt người già đọng nhiều nỗi đăm chiêu,
Lòng tuổi trẻ cũng không buồn hy vọng.

Với Cộng sản, ước mơ là ảo mộng,
Yêu Tự Do là phản động, kẻ thù... (!)
Nỗi oán hờn dâng uất nghẹn trời thu,
Vực nước mắt ngập tràn đời tăm tối.

Ôi! Cuộc sống đang tới giờ hấp hối!
Miệng vẫn còn mà không dám hé môi!
Đảng là Vua, còn Nhà Nước là Trời (!)
Thân cá chậu chim lồng - sao chống lại!

Thà chết giữa biển sâu còn êm ái!
Một lần sinh, một lần tử là cùng.
Đêm giã từ, sao nước mắt rưng rưng!
Khóc Cha Mẹ hay khóc đời sắp tắt?

Thuyền lướt sóng trong màn đêm dầy đặc,
Chú Sáu nhìn lần cuối bóng quê hương.
Thôi giã từ! Ta gửi lại tình thương,
Nơi có Mẹ Cha già đang mòn mỏi.

Thằng Tý, con Lan chào Ông Bà Nội.
"Đi bình an! Nhớ sơm sớm trở về!"
"Nội ở nhà đừng đau ốm, Nội nhe!
"Cháu sợ lắm! Không ai chăm sóc Nội!"

Các đứa cháu ôm Ông Bà hôn vội,
Giọt lệ buồn đọng trên má nhăn nheo.
Hai thân già thui thủi ở quê nghèo,
Nuôi hy vọng chóng đến ngày nhắm mắt…

III

Chú Sáu mệt lả người, trời nắng gắt,
Hết mưa giông, lại nắng cháy da người.
Thuyền chòng chành trôi giạt giữa biển khơi,
Tai nhức nhối tiếng rên la trẻ nít.

Thuyền bể lái, lại hư thêm chân vịt,
Biết làm sao bơi cho chóng tới bờ!
Các thương thuyền đành quay mặt làm ngơ!
Tình nhân loại họ để đâu không biết?!

Đàn bà, trẻ con bơ phờ, rũ liệt…
Bác Hai Thôn tay lần chuỗi Bồ Đề.
Dì Tư Bình cầu nguyện Mẹ Maria,
Ông Năm Thiệt miệng cầu Trời khẩn Phật.

Anh Bảy Thống treo khăn S.O.S.
Cánh tay dài phất phất giữa trùng dương.
Xin Trời cao nhỏ xuống chút tình thương!
Lời kêu cứu tan theo từng đợt sóng…

Bỗng trời kéo mây đen, rồi biển động,
Gió Tây Nam ào ạt thổi qua thuyền.
Con sóng gào cuồn cuộn nổi dâng lên,
Nước mưa rải trên mui thuyền lộp độp.

Anh Ba Lưỡng chui xuống khoang tát nước,
Nửa thân thuyền ngập nước biển cùng mưa.
Ván bên hông bị đánh thủng bao giờ!
Làm sao trám! Nước tràn vào kinh quá!

Anh Ba Lưỡng chỉ còn mong phép lạ,
Với đôi tay rắn chắc cũng đành thua!
Lệ chảy dài trên khuôn mặt bơ phờ,
Thế là hết! Giã từ đời tị nạn!

Thuyền đầy ắp chín mươi tư sinh mạng,
Những người nầy nào có tội tình gì!
Lũ trẻ thơ chưa biết đứng, chạy, đi…
Người già cả suốt cả đời lam lũ.

Hết Tây, Nhựt, lại chia đôi xứ sở!
Một đời người, hai lần nếm di cư!
Cùng tổ tiên mà bày chuyện nghịch thù,
Chưa được hưởng phút thanh bình, an lạc…

Đây phút cuối, thảnh thơi tôi nhắm mắt!
Gửi lời chào đến Thế Giới Tự Do.
Có thấy quê tôi đầy dẫy ngục tù?
Mọi Quyền Sống, Làm Người… đều mất hết!

Thân tôi chết nhưng linh hồn bất diệt,
Sẽ trở về phù hộ những người sau.
Bà con ơi! Hãy nuôi chí phục thù!
Bọn Cộng sản sẽ có ngày đền tội…

Tay Chú Sáu ôm thây anh Ba Lưỡng,
Miệng than Trời: "Thằng nhỏ đã chết rồi!
"Thôi cũng đành thủy táng giữa biển khơi,
"Tự do nhé! Cần gì mồ mã đẹp!"

Tiếng rên rỉ, khẩn cầu, cùng gào thét,
Trước phút giây xa vĩnh viễn cõi trần.
Bà con ơi! Cùng nhau xích lại gần,
Tay nắm lấy tình quê hương, dân tộc.

Biển giận dữ, trời âm u, gió lộng,
Những sức mòn tranh đấu với tử thần.
"Tựa vào anh, gắng sức, có anh nâng."
"Con cố bám mảnh ván nầy, đừng sợ!"…

Nước lạnh quá, lại thêm mưa và gió,
Từng cánh tay dần xa hẳn cuộc đời.
Như có gì rút xuống đáy biển khơi,
Cố cưỡng lại nhưng không còn đủ sức…

Nơi lòng biển đầy xác người tủi nhục,
Bọn kình ngư mừng rỡ mở liên hoan.
Thịt tươi thơm, màu máu đỏ, da vàng,
Các đôi mắt mở to nhìn kinh ngạc.

Miệng há hốc như nói lời vĩnh biệt:
"Chào anh em những xứ sở Tự Do,
"Lòng nhân từ đi vắng tự bao giờ!
"Coi gia súc trọng hơn người vượt biển!"

(St. Louis, ngày 6 tháng 10 năm 1978)

A Letter from the heart to an American friend

Dear Friend,

Today is the thirtieth anniversary of the declaration of the day for Human Rights. You are lucky to be born in a country with freedom; maybe you forget the importance of this day.

We, the people of Vietnam, were tired of the communist regime without freedom. Yet we have freedom here since our arrival in the United States. We would like to express our thanks to the United States government and the people of this country for giving us Rights and Freedom.

Since the communist take over by forces in South Vietnam in 1975, hundreds of thousands of Vietnamese people have escaped and are escaping with whatever means available. Thousands have died at high sea; others having been rejected by neighboring countries are gradually dying due to the lack of medicine and foods.

In the meantime, millions of unlucky people had to remain in Vietnam. They are either imprisoned or forced to labor in the remote, disease-stricken, mine-trapped areas disguised as "the re-education camps" or "new economic zones". They are totally deprived of their basic rights as human beings. They are laboring harder than any other laborers in the world, working more than 15 hours a day with only a monthly ration of two pounds of rice for a family of four. There is absolutely no medical treatment when diseases strike. Their communication with the outside world is totally cut off. In reality, they are worse than animals, since they have no rights at all; even the rights to eat, to think, to worship, to speak, to write, to move, even to sleep at a time of their own choice. They are gradually dying physically and mentally because of malnutrition, because of diseases, because of total cut off of communication, and particularly because of the severe revenge from the communist victors.

Because of the love for our country, we, the people of Vietnam would like to ask all countries of the world and the United States to help us to abolish the communist in these ways:

1. To allow the priests and nuns of all the religions to be released from prisons in Vietnam.

2. To allow religions to conduct schools, as well as social affairs.

3. To allow the United Nations to have their say about the people still in the prisons.

We would like to say thank you one more time for your help and your declaration of this day.

Yours truly.

(St. Louis, December 10, 1978)

PART II: PIRATES

Pirates in the gulf of Thailand

We're living in a high-tech society, where people are civilised. But pirates still exist in some places around the world. Raping, killing, abducting, robbing, attacking, shooting, knifing, beating, and ramming are the main activities of pirates.

Since the fall of Saigon in 1975, there were over three million Vietnamese who left their country as boat people to find freedom around the world. One fifth of them died on the high seas. Thousands of Vietnamese boat people were attacked and raped by Thai fishermen in the Gulf of Thailand.

The Wave of the Boat People

The Vietnamese Communists invaded South Vietnam in April 30, 1975. Right after the fall of Saigon, over 130,000 Vietnamese people fled their country to find freedom.[1] Each year thereafter, hundreds of thousands of Vietnamese fled out of their country by any means, in whatever boats they could find, such as fishing boats, riverboats, and sampans.[2] The shortest destination was Thailand, a neighbor and a former ally of South Vietnam.

In South Vietnam, before April 1975, there were over 15,000 fishing boats and over 50,000 riverboats, which were over 30 feet in length. Since the high percentage of illicit escapes, from 1975 through 1978, the riverboats, which were longer than 30 feet in length, were hard to find in the late 70's. Therefore, the boat people used the old ones and built up them as high as they could.

Escaping by boat is an adventure.[3] But every adventure has a high price: gold, blood, tears, dread, and disaster.[4] 'Boat People' is a new term, synonymous with sorrow and piteousness.[5]

---

[1] Vu Thuy Hoang, "Sea Crossing" (Springfield, Virginia: Vietnam Books, Inc., 1982), p. 23.

[2] Sampans: the small river boats.

[3] Vu Thuy Hoang, "Sea Crossing" (Springfield, Virginia: Vietnam Books, Inc., 1982), p. 77.

[4] Cao The Dung, "Exodus Vietnam" (Laguna Niguel, California: Dan Tam, 1990), p. 14.

[5] IBID, p. 47.

The "Export of Vietnamese Boat People"

Collecting of Gold

The unofficial organization by the Vietnamese Communists was established to control the Vietnamese boat people after a high number of people fled the country in 1977.[6] The Communists took the fishing boats from the fishermen who had left them behind. These fishing boats now belonged to the new government. Each person who wanted to get out the country must pay the organization 8 to 12 ounces of gold. The estimation of the collection of gold from 1978 to 1980 was over ten tons. Parts of this collection were sent to Hanoi to the Politburo of the Communist Party. The rest were in hands of the members of the organization. According to a book entitled "Exodus Vietnam," the Vietnamese Communists collected about three billion dollars in total through the "export of Vietnamese boat people."[7]

Pushing the Boat People on the high seas

The Communists put as many people as possible into a fishing boat. They did not care for these boat people who would live or die on the high seas. What they cared about was how much gold they could get from these people.

---

[6]   IBID, p. 25.
[7]   IBID, p. 17.

The Enjoyment of Gold
During the Vietnam War, the high rank officers of the Hanoi Communists did not have any ounces of gold. They did not have their own property either. Their property belonged to the government. After the invasion of the South Vietnam, all politburo officials suddenly became rich. How? They took people's properties such as houses, land, gold, automobile, and hard currency, etc.

Now, as rich people, they enjoyed their new properties. They built new houses, bought new cars, and sent their children overseas for their education.

The Typhoon on the South China Sea

The Thai Fishing Fleet
There were about 50,000 fishing boats in the Thai fishing fleet.[8] This massive fleet allowed anonymity to the Thai pirates. Hundreds of islands on the Gulf of Thailand also provided the hiding places for the pirates. Some Thai fishing vessels were armed and equipped with hammers, screwdrivers, and pliers. These vessels were much faster than the Royal Thai Navy's patrol craft or marine police. Therefore, the Thai government's anti-piracy efforts could not go in affect.

---

[8] "Vietnamese Boat People: Pirates' Vulnerable Prey," Committee for Refugees (February 1984), p. 4 & p. 5.

The most important factor that permitted piracy to flourish is the lawlessness of southern Thailand. This area was semi-independent from control of the central government in Bangkok. Therefore, piracy had a firm niche, and the international laws against that activity seem almost irrelevant.

The Pirates' Victims
The first victims occurred as early as the first boat people arrived in the Gulf of Thailand in 1975. In these early times, the Thai fishermen took gold and hard currency from the boat people. During the increased influx of boat people, the Thai pirates attacked the victims, took gold and hard currency, and raped women and young girls.

According to The U.S. Committee For Refugees, "*In 1981, 77 percent of the boats which left Vietnam and eventually landed in Thailand were attacked. In 1982 and 1983, the percentage were 65 and 56, respectively.*"[9] The pirate attacks took a variety of savage forms. The report describes as follows:

---

[9]   IBID, p. 5.

"Hundreds of victims have died, having been shot, knifed, beaten, or rammed; some have committed suicide under duress. If victims survive the first attack, a second is virtually certain: the average number of attacks per boat has almost consistently exceeded two since 1981 and has reached over three in some time periods. Children have told of being beaten or terrorized by pirates wielding hammers and knives. They have watched as their mothers were raped or abducted. Girls as young as six years of age have been sexually assaulted."[10]

The report continues:

"In 1982, almost 53 percent of the boats were subject to rape or abduction attacks. Between January and November 1983, abductions and rapes were occurring at almost the same rate in the preceding year. The figures are thought to understate the extent of the crimes, as they are based solely on accounts of boat people known to United Nations High Commissioner for Refugees, and many are reluctant to report rapes to outsiders. The statistics also do not reflect that women are often assaulted repeatedly or that abductees are usually also rape victims."[11] (See the statistics in the table below.)

---

[10] IBID, p. 5.
[11] IBID, p. 6.

Pirate Attacks on Boat People Arriving in Thailand[12]
1981-1983

Description	1981	1982	1983*
No. of Persons Arrived	15,095	5,913	3,171
No. of Deaths from Attack**	571	155	43
No. of Abductees***	243	157	89
(No. Traced)	(78)	(92)	(35)
No. of Rape Victims***	599	179	85
No. of Persons Missing	N/A.	443	153
No. of Boats Arrived	455	218	138
No. of Boats Attacked	352	141	77
(Percent)	(77%)	(65%)	(56%)
No. of Attacks	1,149	381	173
Average No. of Attacks Per Attacked Boat	3.2	2.7	2.3

Source: UN High Commissioner for Refugees
Note: These statistics are based solely upon reports by boat people.
*   Through November 1983.
**   Includes only piracy-related deaths, e.g. Shooting, knifing, beating, ramming, and suicide under duress.
        Accidental deaths or deaths due to sickness or starvation are not included.
***   Abductees are generally, but not always, also rape victims. Abduction and rape figures here are mutually exclusive. A person who is both an abductee and a rape victim is counted only as an abductee.

I was hurt by the news. One poem of mine was written for a young victim (See "Your Youth, Little Sister" on page 45).

---

[12] IBID, p. 6.

Ko Kra Island

Ko Kra Island is in the Gulf of Thailand. This island was a good place for Thai pirates to attack the boat people. They raped, beaten, rammed, and left them to die by starvation. One friend of mine, a Vietnamese novelist, was a victim of Ko Kra island. After evacuating to a refugee camp, he and other two reporters wrote a "white paper" and sent it to the Vietnamese newspapers and magazines around the world.

After the news spread out over the world, I wrote a poem to dedicate the Ko Kra Island's victims. This poem was printed in many Vietnamese magazines and newspapers around the world. It was translated into English and was published in the "*War and Exile*," a Vietnamese Anthology, by Vietnamese PEN Abroad/East Coast U.S.A. (See the poem on page 39).

According to the two Vietnamese writers, who wrote of their experience on the Ko Kra island, *"Pirates attacked one man (from the Vietnamese boat people) with hammers, screwdrivers, and pliers to remove his gold teeth. One woman washed ashore from a refugee boat attacked by other pirates was raped as she reached land. Others became 'wives' of pirates to avoid being passed from one man to another."*[13]

In an article "Vietnam Couple Describe 20 Day Ordeal," the two writers reported: *"There was a girl, 12 years old, who hid in a crevice in the side of a wooden mountain... terrified of every sound she heard. After suffering thus for 15 days, she could not help but leave her hiding place, only to be raped on the spot by four pirates."*[14]

The report continued, *"Many women left their families and tried to hide, crawling under brush or clinging to mountainsides. Some refused to leave the brush even after pirates set fire to it and were badly burned. Vietnamese men who refused to reveal the hiding places were beaten with hammers and hanged."*[15]

From October 29 to November 18, 1979, the report said, the Thai pirates' actions on 157 boat people as follows:
1. Threw 17 people into the sea. All of them had died.

---

[13] Nhat Tien, Duong Phuc, and Vu Thanh Thuy, "Pirates on the Gulf of Siam" (San Diego, California: Boat People S.O.S. Committee), p. 110.
[14] IBID, p. 110.
[15] IBID, p. 110.

2.   Raped continuously women and young girls, day and night, during a 21-day period.

3.   Set fire to the hiding places to find women.

4.   Treated badly and tortured refugee men to death.

5.   Used hammers, screwdrivers, and pliers to remove the gold teeth of refugees.[16]

The Unwilling Prostitutes

According to UNHCR report, *"Clearly, young girls and women are victimized in disproportionate measure. Over a period of almost three years ending in November 1983, most of the nearly 500 persons reported as kidnapped were female. Of that number, fewer than half has been found: abductees are often simply thrown overboard. Some women are sold into prostitution by their captors."*[17]

The Boat People's defense

The U. S. Committee for Refugees' report described how the Vietnamese boat people defended themselves as follows:

"The boat people put up little resistance to the attacks, although some survivors have said they tried to defend themselves. Nearly all travel unarmed, as it has been difficult to obtain unauthorized weapons in Vietnam since 1975, especially for those considered suspect by the (Communists) government."

---

[16]   IBID, p. 10.

[17]   "Vietnamese Boat People: Pirates' Vulnerable Prey," Committee for Refugees (February 1984), p. 5.

"In any event, the boat people believe that weapons would probably be useless as a defense against pirates. Often, violent attacks occur after the voyagers have been at sea for many days and are exhausted from their exposure to the elements and their meager rations. Further, there is a widely held belief that resistance will mean death for children or for everyone aboard in retribution. Also, boat people know that pirates can communicate by radio with confederates and bring reinforcements."[18]

The Vietnamese Boat People's Mental Health

The Vietnamese boat people's mental health is a big concern. According to the United Nations High Commissioner for Refugees, *"Aside from the physiological problems caused by rape, the women experience long-lasting psychological and emotional problems. These include depression and anxiety over possible pregnancy, loss of esteem by family and friends, and what their experiences will mean for their chances of a happy marriage."[19]*

They either were rescued to the refugee camps in southern Thailand, *"there was no counseling for rape victims, and abortions are not available. Even in the camp, women remain vulnerable: security is weak and allegedly has been violated."[20]*

---

[18] IBID, p. 7.
[19] IBID, p. 6.
[20] IBID, p. 7.

The activity of the Thai pirates' in the Gulf of Thailand is a terrible memory for the Vietnamese boat people. It is a wound, a bloodstain, and a vestige in the heart of the boat people.

(Germantown, September 1998)

Ko Kra

In the night, straining ears hear the call
"Ko Kra! Ko Kra!" -- foreboding phrase --
Lights in the darkness stir action and sighs;
At the corners of eyes, tears swell and spill.

"Ko Kra Island!" What name can be more horrible
For this single day of infamy?
How many more mangled bodies has Ko Kra
Than Binh Long together with An Loc and Plei Me?

Bodies of children, old men and women,
Mothers, teenage boys and girls,
This one beheaded, that other disemboweled,
One handless here, one there dismembered!

Survivors live with spirits anguished,
Life's silken threads knotted and snarled;
Young girls carry the offspring of strangers,
Wives cannot meet their husbands' eyes.

The peaceful sea writhes in sudden storm,
A vicious gang attacks at will
Looting, raping, plundering madly --
When will the blood tide ever be clean?

Ko Kra answers to no one's control,
Victims are victims still.
O how can people sit watching idly?
Such horrible shame and misery?

Rage at Chinh, Duan, and Dong[1]
For launching this murderous wave,
Enjoying the silver and gold of the South
By pushing people to sea by the thousands.

Over half become food for the fishes;
Another third sails to Ko Kra's doom.
Their blood is still red! They still feel wounds!
Doesn't anyone else? Is all conscience gone?

Please think a moment of these innocents;
Share their agony and shame
White are their hands but black their fate,
Then rise and wipe out the pirates!

---

[1] Truong Chinh, a policy maker and a member in Politburo; Le Duan, Secretary
General of Vietnamese Communist Party; Pham Van Dong, Prime Minister of
Hanoi regime.

Offer, thereafter, a prayer, a tear.

(Silver Spring, May 16, 1980)

Translated from Vietnamese
*by **R.S. Carlson** aka **Le Kinh Kha***

Ko Kra: Điểm Cuối Của Thuyền Nhân

Kính tặng các nạn nhân Ko Kra

Trong đêm vắng giật mình nghe tiếng gọi
"Ko Kra! Ko Kra!" – lời thảng thốt bi ai!
Ánh đèn khuya khua động tiếng thở dài,
Dòng lệ nóng bỗng dưng tràn khóe mắt!

"Ko Kra" đảo, tên chi nghe lạ hoắc!
Chỉ một hôm danh tiếng nổi như cồn.
Hơn Pleime, An-Lộc lẫn Bình-Long.
Bao xác chết tủi hờn vì Kra đảo!

Xác trẻ nít, bà già, và ông lão,
Xác thanh niên, phụ nữ, gái còn trinh…
Kẻ mất đầu, người dập nát thân mình,
Kẻ tay cụt, người ruột gan đứt đoạn…

Người sống sót, tinh thần càng rối loạn,
Mắt nai tơ mà hồn phách không còn!
Gái dậy thì trong trắng bị chửa hoang,
Người hiền phụ không dám nhìn chồng cũ!

Biển yên lặng bỗng nổi cơn sóng dữ,
Một lũ người dạ thú rất hung hăng.
Cướp của người, rồi dở thói cuồng dâm…
Ôi! Biển máu đến bao giờ tẩy sạch!

Ko Kra sẽ không còn ai thống trách,
Nhưng nạn nhân mãi mãi vẫn nạn nhân!
Vết nhục này đau đớn lắm tâm cang!
Người đồng loại sao đành trơ mắt ngó?!

Giận cho lũ gây ra cơn bão tố,
Duẫn, Đồng, Chinh… ngồi an hưởng bạc vàng.
Trọn Miền Nam phải chịu cảnh lầm than!
Còn xô đẩy dân lành ra biển cả!

Hơn phân nửa làm mồi ngon cho cá!
Một phần ba gặp thảm nạn Ko Kra!
Lương tâm đâu? Sao không biết xót xa?
Máu đã đổ, vết thương càng đau đớn!

Xin một phút tưởng nhớ người oan uổng,
Chia cùng ai những nỗi khổ nhục này.
(Đen cuộc đời và trắng cả đôi tay!)
Hãy ngồi lại diệt tan phường hải tặc!

Gửi theo đây lời nguyện cầu bằng nước mắt…

(Suối Bạc, 16-05-1980)

Your Youth, Little Sister

(For Nguyen Thi Ngoc-Tuyet, a victim of Ko Kra Island)

Your youth, Little Sister, has just begun,
Your lips just ripening, your smile just brightening;
Your youth, Little Sister, is the age of love,
Of moon and wind, of vivid dreams;
Your youth, Little Sister, destiny matches
With the eddies of ten thousand waters, far from clear
     horizons;
Your youth, Little Sister, when the fate of a blushing girl
Should float in one region, drift in one direction,
Your youth, Little Sister, the age to learn ways –
To be brilliant, to be clever, to be sullen, to be tender –

Your youth, Little Sister, learned sudden sadness,
Learned the distance to happiness, learned the grip of grief;
Your youth, Little Sister, part from sorrow:
This generation falls; the next arises.

(Silver Spring, June 15, 1980)

Translated from Vietnamese
*by **R.S. Carlson** aka **Le Kinh Kha***

Tuổi Em

Tặng Nguyễn Thi Ngọc-Tuyết, nạn nhân Ko Kra

Tuổi em vừa bước vào đời,
Môi son vừa thắm, nụ cười vừa tươi.
    Tuổi em - cái tuổi yêu người,
Yêu trăng, yêu gió, yêu thời mộng mơ.
    Tuổi em - lứa tuổi tình cờ,
Xoáy theo vận nước, xa bờ bến trong.
    Tuổi em - phận gái má hồng,
Lênh đênh một cõi, bềnh bồng một phương.
    Tuổi em - lứa tuổi học đường,
Học khôn, học khéo, học thương, học hờn…
    Tuổi em vừa chợt biết buồn,
Biết xa hạnh phúc, biết vương vấn sầu.
    Tuổi em lìa thoát khổ đau,
Kiếp này lận đận, kiếp sau bù trừ.

(Suối Bạc, 15-06-1980)

Thư về hoang đảo Ko Kra

Tôi ở đầu biển Thái Bình
Vời trông về cuối biển
Chỉ thấy một màu đen
Ngăn đôi hai cuộc sống
Em ở đó với những cơn ác mộng
Tôi phương này sầu trĩu nặng tâm tư
Có những lúc hồn muốn lìa khỏi xác
Bay đến mang em ra khỏi ngục tù
Dù em không biết
Dù em không hay
Tôi ở phương này
Ngày ba bữa ăn no đầy bụng
Nhưng vẫn đói… tình thương
Tôi ngấu nghiến
Những bản cáo trạng dài tám trang
Gửi từ Songkhla rách nát
Em mang tên Tuyết, tên Lan
Nghe rất quen thuộc
Êm ái như hơi thở
Thân thiết như thịt da
Xoáy vào hồn tôi
Vết cắt đớn đau tưởng chừng ứa máu

Cha mẹ sinh ra em đâu nghĩ rằng
Sẽ có ngày em lạc vào hoang đảo
Làm mồi ngon cho thú-dữ-mặt-người
Chúng chực nuốt sống nuốt tươi
Con phượng hoàng gãy cánh
Khi em vùng vẫy
Biển Thái Bình sóng dậy
Mặt trời kia cũng muốn vỡ tung
Tay em là đôi cánh thiên thần
Mà không phá được
Những vòng tay thô bạo
Thảm thương thay!
Chẳng một nơi nương náu!
Chúng bủa vây em
Như con hổ đói mồi
Trên kia là đá dựng
Dưới này là biển khơi
Ôi! Cuộc sống mong manh như ngọn bấc!
Thân run rẩy – đã mấy ngày màn trời chiếu đất
Sắp tàn hơi, bụng gào thét đòi cơm
Chưa nhọc nhằn nào bằng nỗi sợ hãi kinh hoàng
Một tiếng động cũng đủ làm con tim ngừng đập
Em cầu nguyện bằng hai hàng nước mắt
Bác ái đâu? Sao không đến nơi này?
Thượng Đế ơi! Hãy dang rộng đôi tay
Xin cứu vớt những linh hồn đang hấp hối!

Trận cuồng phong bỗng ào ào đổ tới
Lũ quỉ tanh hôi cười sằng sặc rợn người
Thật rõ ràng thú tính hiện lên ngươi
Chúng cuồng nộ… Chúng bạo tàn… thô lỗ…
Em chết ngất – Cả tinh cầu như sụp đổ
Ôi! Tương lai mãi mãi lìa xa!
Chúng thay phiên… giẫm nát đời hoa
Cơn đau đớn cắm sâu vào óc não
Chung quanh em một vùng trời lệ máu
Lòng biển sâu cũng sôi sục khí hờn căm
Mẹ Cha ơi! Con sắp lìa cõi dương trần!
Sống tủi nhục, thác linh thiêng
Con sẽ đòi nợ máu
Bọn hải tặc Thái Lan – một loài thảo khấu
Gây tang thương đồng loại
Như Cộng Sản Việt Nam
Con quyết chí phục thù cho những nạn nhân
Kẻ gây nợ máu phải trả bằng nợ máu.

***

Em vĩnh biệt trần gian
Trong một ngày mưa bão
Cảm thương em, anh thắp nén hương lòng
Nguyện cầu em phù hộ cho non sông
Người vượt biển hết gặp phường hải tặc.

(Suối Bạc, 16-06-1980)

VINH LIEM'S WORKS OF ART AND TECHNICAL

BOOKS PUBLISHED IN VIETNAM

BOOK OF POEMS
1. *'Tho Vinh Liem'* (Vinh Liem's Poems) written in Vietnamese, published in 1974

BOOKS READY FOR PUBLICATION IN VIETNAM
ALL WORKS FELL INTO COMMUNIST HANDS AND WERE DESTROYED

A. BOOKS OF POEMS (1964-1975) written in Vietnamese
1. *'Loi Tu Tinh Cua Bien'* (The Ocean's Whispering)
2. *'Tu Thu'* (Confession)
3. *'Que Huong Trong Trai Tim Nguoi'* (The Native Land In One's Heart)
4. *'Coi Doi Hiu Quanh'* (The Deserted Life)
5. *'Cat Vang'* (The Yellow Sands)

B. COLLECTIONS OF SHORT STORIES (1964-1975) written in Vietnamese
1. *'Mua Xuan Cua Nang'* (The Spring of Her Life)
2. *'Loi Thoat'* (The Way Out)
3. *'Que Nha'* (Fatherland)

C. NOVEL (1970-1975) written in Vietnamese
1. *'Go Cua Tinh Yeu'* (The First Love)

BOOKS WERE PUBLISHED IN THE UNITED STATES

A. BOOKS OF POEMS
1. *'Ti Nan Truong Ca,' Tap I* (Refugee's Confidences), Vol. I, book of poems written in Vietnamese, published in 1980
2. *'Bi Ca Nguoi Vuot Bien'* (Lament of the Boat People), book of poems written in Vietnamese, published in 1980
3. *'Ti Nan Truong Ca,' Tap II* (Refugee's Confidences), Vol. II, book of poems written in Vietnamese, published in 1982
4. *'Without Beginning Without End'* in English, published in 2008

B. COLLECTION OF SHORT STORIES
1. *'Ga Ti Nan'* (The Refugee Guy), a collection of short stories written in Vietnamese, published in 1986

BOOKS READY FOR PUBLICATION

A. BOOKS OF POEMS (in English and Vietnamese language)
1. *'Ti Nan Truong Ca,' Tap III* (Refugee's Confidences), Vol. III, written in Vietnamese
2. *'Ti Nan Truong Ca,' Tap IV* (Refugee's Confidences), Vol. IV, written in Vietnamese
3. *'Ti Nan Truong Ca,' Tap V* (Refugee's Confidences), Vol. V, written in Vietnamese
4. *'Ti Nan Truong Ca,' Tap VI* (Refugee's Confidences), Vol. VI, written in Vietnamese
5. *'Ti Nan Truong Ca,' Tap VII* (Refugee's Confidences), Vol. VII, written in Vietnamese
6. *'Huong Dong Noi'* (Country's Fragrance) written in Vietnamese
7. *'Thang Hoa'* (Sublimation) written in Vietnamese
8. *'Con Vuong To Long'* (Ties of Affection) written in Vietnamese

B. COLLECTIONS OF SHORT STORIES (written in Vietnamese)
 1. *'Hanh Phuc Phia Ben Kia'* (Motherland's Happiness)
 2. *'Ngay Xuan Chua Du Am'* (The Springtime Without Happiness)
 3. *'Hoi Huong'* (Repatriation)

C. MUSIC/SONGS/THEATER (written in Vietnamese)
 1. *'Thuyen Tinh'* (Boat of Love), collection of songs
 2. *'Nhat Dinh Thang'* (Decided Victory*),* collection of songs
 3. *'Co Nhac Viet Nam'* (Vietnamese Renovated Theater and Traditional Music)

D. LITERATURE (written in Vietnamese)
 1. *'Vuon Hoa Van Hoc'* (Garden of Literature – Vietnamese Writers Overseas: Works and Authors)
 2. *'Tha Huong Van Tap'* (Confidences on the foreign country)
 3. *'Huong Sac Trong Vuon Tho'* (Fragrance in the Poetry Corner)

E. RELIGION (written in Vietnamese)
 1. *'Nep Song Hoa-Hao'* (Hoa-Hao Buddhism's Life)

F. POLITICS (written in Vietnamese)
 1. *'The Luc Nao?'* (What's Influence?)
 2. *'Tuyen Tap Can Bo'* (Political Cadre's Handbook)

G. COLLECTIONS OF ESSAYS (written in Vietnamese)
 1. *'Chuyen Ben Le'* (The Sideline's Stories)
 2. *'Nguoc Gio'* (Up The Wind) – an idle talk
 3. *'Minh Oi!'* (My Dear!) – comic stories

H. COLLECTIONS OF ESSAYS (in English)
 1. *'Two Faces of Life'*

I. BUSINESS, ECONOMICS, & FINANCE (in English)
1. *'Loan Officer's Handbook'*
2. *'Mortgage Processor's Handbook'*
3. *'Dictionary of Real Estate and Mortgage'*
4. *'New Vietnam, Great Opportunities'*
5. *'Real Estate and Mortgage Markets in Vietnam'*

Contact Information:
Email: vinhliem9@hotmail.com
Home Page: http://vinhliem.tripod.com
1 Applegrath Court, Germantown, MD 20876-5613 (USA)

$10.95 USA / $13.95 CAN

www.ingramcontent.com/pod-product-compliance
Lightning Source LLC
Chambersburg PA
CBHW030112070426
42448CB00036B/815